나는 수요일의 소녀입니다

※ 이 책에 사용된 사진은 저작권자의 허락을 받아 실었습니다. 저작권자를 찾지 못하여 게재 허락을 받지 못한 사진은 저작권자가 확인되는 대로 게재 허락을 받아 재쇄에 저작권자를 표기하겠습니다.

처음부터 제대로 배우는 한국사 그림책 01
나는 수요일의 소녀입니다_평화비가 들려주는 일제 강점기 이야기

초판 1쇄 발행 2015년 2월 2일
초판 7쇄 발행 2024년 4월 16일

글 안미란
그림 이경하
감수 한혜인

펴낸곳 도서출판 개암나무(주)
펴낸이 김보경
경영지원 총괄 김수현   **경영지원** 배정은 조영재
편집 조원선 김소희   **디자인** 이은주   **마케팅** 이기성
출판등록 2006년 6월 16일 제22-2944호

주소 서울특별시 용산구 한남대로40길 19, 4층(한남동, JD빌딩) (우)04417
전화 (02)6254-0601, 6207-0603   **팩스** (02)6254-0602   **E-mail** gaeam@gaeamnamu.co.kr
개암나무 블로그 http://blog.naver.com/gaeamnamu   **개암나무 카페** http://cafe.naver.com/gaeam

ⓒ 안미란, 2015
이 책의 저작권은 저자에게 있습니다. 저자와 출판사의 허락 없이 내용의 일부를 인용하거나 발췌하는 것을 금합니다.

ISBN 978-89-6830-142-1 74900
ISBN 978-89-6830-122-3(세트)

이 도서의 국립중앙도서관 출판시도서목록(CIP)은 서지정보유통지원시스템 홈페이지(http://seoji.nl.go.kr)와 국가자료공동목록시스템(http://www.nl.go.kr/kolisnet)에서 이용하실 수 있습니다.
(CIP제어번호: CIP2015000517)

품명 아동 도서 | **제조년월** 2024년 4월 16일 | **사용연령** 10세 이상
제조자명 개암나무(주) | **제조국명** 대한민국 | **전화번호** 02-6254-0601
주소 서울특별시 용산구 한남대로40길 19, 4층(한남동, JD빌딩)

평화비가 들려주는
일제 강점기 이야기

나는 수요일의 소녀입니다

안미란 글 이경하 그림 한혜인 감수

개암나무

> 저는 일본 군대의 위안부로 끌려갔던 김학순입니다. 뉴스에 나오는 걸 보고 단단히 결심했어요. 이제는 바로잡아야 한다. 저렇게 거짓말을 하는데, 대체 왜 거짓말을 하는지 모르겠단 말이야. 그래서 결국엔 나오게 됐어요. 누가 나오라고 한 것도 아니고 내 스스로. 칠십이 다 됐으니 이젠 죽어도 괜찮아. 그런데 나올 땐 조금 무서웠어요. 죽어도 한이 없어요. 이젠 하고 싶은 말은 꼭 하고야 말 거니까. 언제든지 하고야 말 거니까. 내 팔을 끌고 이리 따라오라고 했던 그때 그 사람에게……. 하지만 절대 이것은 알아야 합니다. 과거에 분명 이런 일이 있었으니까…….
> 국내 일본군 위안부 피해자로 처음 증언을 한 (故)김학순 할머니_아시아경제 [위안부 보고서 55]

> 그놈들 한 걸 생각하면 보상을 받는다고 해도 한이 안 풀린다. 고통을 얼마나 받았는지. 나가지 마라 하면 못 나가고, 거기 앉아 죽으라면 앉아 죽고, 살아라 하면 사는 세상이었다. 살이 누렇게 뜰 정도로 있었다. 젊은 날에 압제 받은 것을 생각하면 일본 놈 갈아 마셔도 한이 안 풀린다. 그래도 사람으로서 그럴 수도 없고, 그러지도 못하지. 안 그렇겠는가. 시간이 지나서 그렇지 하나하나 일기장에 적으면 책을 못 맺을 정도다.
> (故)김분선 할머니_일본군 '위안부' 피해자 e-역사관

> 저는 위안부가 아닙니다. 저에게는 이름이 있습니다. 부모가 지어 준 이용수라는 이름이 있습니다.
> 2013년 5월, 대구 해원진혼굿 행사 무대에 오른 이용수(86) 할머니_아시아경제 [위안부 보고서 55]

> "내가 한이 많습니다. 이 얘기할라 카면 눈물이 날라 캐서 안 했다. 누구보고 얘기할끼요."
>
> 강순자 할머니(92·가명)_일본군 '위안부' 피해자 e-역사관

> "그 좁은 위안소 방에 눠 있으면 부모 형제 생각이 절로 났제. 기약 없이 떠나왔으니 울 어매는 나를 얼마나 찾았을 거여. 남해 화방사(망운산에 있는 사찰)서 빌고 또 빌고 있을 어매 생각을 하면 눈물이 쏟아지는기라. 그래 내 위안소서 눈물 젖은 두만강을 자주 불렀제. 떠나간 그 배는 어데로 갔소. 이런 가사 안 있나? 여기서 떠나간 배는 다신 안 오는 배다."
>
> (故)박숙이 할머니_아시아경제 [위안부 보고서 55]

다시 수요일이 되었어.
나에게 수요일은 그냥 평범한 날이 아니야.
노란 옷을 입은 할머니들과
할머니를 응원하러 온 사람들을 만나는
아주 특별한 날이거든.

사람들은 나를 평화비 혹은 소녀상이라고 불러.
내 머리는 반듯한 단발처럼 보이지만 자세히 보면
머리칼이 거칠게 뜯겨진 듯 잘려 있어.
부모 형제와 떨어져 전쟁터에 강제로 끌려간 아픔을 표현한 거래.
아, 발이 시려. 나는 맨발이거든.
게다가 발뒤꿈치는 땅에 닿지 못하고 들려 있단다.
나는 왜 아빠가 사 주신 어여쁜 꽃신을 신지 못하고
이렇게 차디찬 바닥을 맨발로 디디고 있어야 할까…….

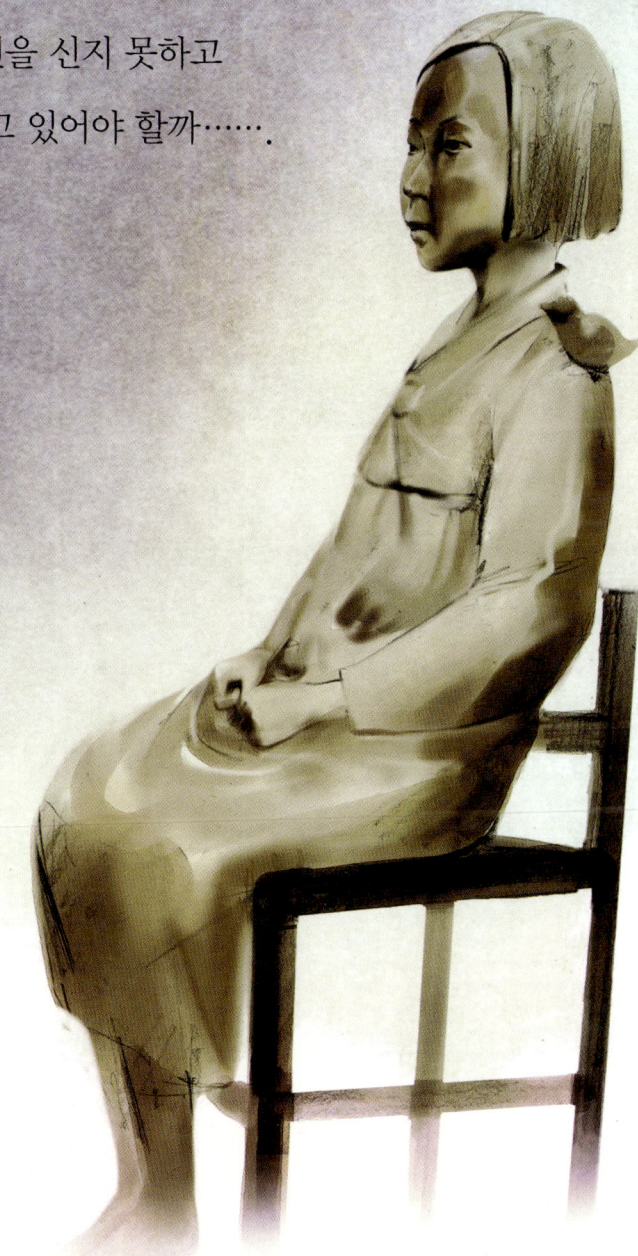

아빠는 장날에 일본인 점방에 가서 새 꽃신을 사 오셨어.
나 같은 계집아이 생일을 기억할 정도로 참 다정하셨지.
어느 봄, 들판에 돋아난 파릇파릇한 새싹처럼
 마음이 들뜨는 날이었어.
내 친구 끝분이가 나물 바구니를 들고 왔지.
"오목아, 쑥 캐러 가자. 산이 온통 나물 천지야."
눈도 코도 오목조목, 작고 예쁘다고
집에서는 나를 오목이라고 불렀어.
나는 꽃신을 치맛말기에 숨겼어. 닳으면 아깝잖아.
동무들이 다 보는 골목에서 꺼내 신을 참이었지.

엄마가 나를 붙잡았어.

"오목아, 밖으로 나돌지 마라.

요새 순사들이 처녀 공출•을 하느라 눈이 시뻘겋단다."

나는 그 말을 흘려들었어.

"놋그릇 공출, 쌀 공출은 알아도 처녀 공출은 처음 들어요."

일본은 총알을 만든다고 제사 지내는 데 쓰는 놋그릇과 촛대를

모조리 빼앗아 갔어.

놋그릇 대신 나눠 주는 싸구려 사기그릇에는

'보국•'이라는 말이 쓰여 있었지.

조상님보다 나라 사랑이 중요하다는 거야.

그 나라가 우리 겨레가 아닌 일본인의 나라가 아니냐는

말 따위를 했다가는 큰일 나.

공출 일제가 전쟁에 사용할 물자를 확보하기 위해 강제로 빼앗음.
보국 나라의 은혜를 갚음.

"오목아, 윗마을 대추나무집 아들 이야기 들었니?"
"그 얘기 모르면 혼나게? 선생님이 조회 시간에 말씀하셨잖아.
용감한 황군*으로 자원했다가 벚꽃처럼 스러진 애국 청년이라고.
일장기가 대문에 휘날리던걸."
끝분이는 목소리를 낮췄어.
"이제 집집마다 그 집처럼 나라를 위해 아들의 목숨을 바쳐야 한대.
우리 여자들도 전쟁에 나서야 하고."
끝분이와 나는 두려웠지만, 꽃신을 신고 나들이 가고픈
마음을 누를 수가 없었어.

황군 '일본의 천황이 통솔하는 군대'라는 뜻으로, 일본이 자기의 군대를 이르던 말.

그날따라 나물을 많이도 캤어.

콧노래를 부르며 집으로 오는데, 살구마을 전체가 을씨년스러웠어.

"네놈은 애국자가 아니다. 모두가 총력전을 펴는 마당에

집에 군인 될 사람이 없다니. 그럼 딸이라도 바쳐라!"

칼을 찬 일본 헌병이 말 위에서 우리를 내려다보며 말했어.

엄마가 울부짖었어.

"우리 딸은 아직 어려요. 그저 살려만 주세요."

아빠는 숫제 흙바닥에 주저앉아 빌었어.

순사와 면장이 아빠를 노려보았지.

둘은 일본의 앞잡이가 되어 마을 일을 맡아서 하는 사람들이야.

그때 나는 보았어. 절망스럽게 내젓는 엄마의 손을.

'도망가! 오목아, 달아나!'

하지만 내 발은 그 자리에 딱 얼어붙고 말았어.

간신히 정신을 차리고 몸을 돌려 도망치려는데,

순사가 내 머리채를 휘어잡았어.

"어딜! 천황 폐하를 위한 정신대가 되는 걸 영광으로 여겨라."

아빠는 순사에게 달려들었어.

일본군은 징 박힌 장화로 아빠를 걷어찼지.

나는 그렇게 끌려갔어.

면사무소에는 나 말고도 수십 명의 여자들이 끌려와 있었어.
나는 끝분이네 언니, 삼순이를 만났어.
"언니는 어쩌다……."
"내가 오겠다고 했어. 군인들 빨래해 주고 밥해 주면 먹여 주고 재워 준대. 월급을 모아서 동생들 공부도 시킬 거야."
끝분이네는 지독하게 가난했거든. 딸 넷에 아들 둘.
자식은 많은데 쌀독은 늘 비어 있었지.
삼순이 언니는 무서운지 오들오들 떨었어.

나는 트럭을 타고 어딘가로 끌려갔어.

그곳에서 군인용 열차에 실려 또다시 어딘가로 끌려갔지.

그 뒤로 삼순이 언니를 다시 보지 못했어.

엄마 아빠, 내가 알고 지내던 어떤 사람도 다시는 만나지 못했지.

일본은 우리를 물건처럼 취급했어.

군인들을 이동시키거나, 식량을 옮길 때는 서류가 필요한데,

그들은 우리를 '군수품'이라고 적었지.

면도기나 휴지, 젓가락 같은.

우리는 분명히 살아 있는 사람인데 말이야.

캄캄한 밤, 나는 배에 실렸어.
배 밑바닥에 엎드려 울고 또 울었지.
목은 쉬고 배가 고팠어.
옆에 있던 전라도 말을 쓰는 언니가 나를 안아 주었어.
"이리 와. 창가 쪽에 앉으면 덜 힘들어."
언니 말은 틀렸어. 뱃멀미가 심하게 났거든.
태어나서 배를 탄 것도, 바다를 본 것도 처음이었어.
난 배 속에서 쓰고 노란 물이 올라올 때까지 다 토했어.
조그만 구멍으로 밖을 내다봤어.
바다도 하늘도 캄캄했어.
엄마가 있는 쪽을 보며 울고 싶은데,
살구마을이 있는 쪽으로 목 놓아 울고 싶은데,
그게 어느 쪽인지 도무지 알 수가 없었어.

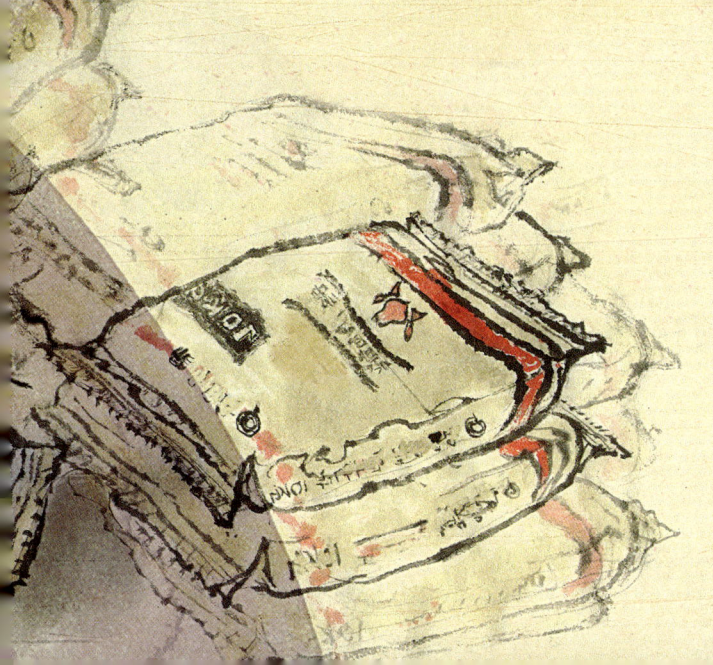

나는 인도네시아까지 끌려갔어.

일본은 머나먼 남쪽 바다 한가운데서도 전쟁을 하고 있었어.

밀림은 낯설고 무서웠지.

그곳에서 자라는 풀은 우리 집 감나무보다 키가 컸어.

짙푸른 풀 줄기 사이로 작은 막사가 보여.

위안소.

그 막사는 얇은 나무판으로 칸칸이 벽을 만든 허름한 건물이었어.

우리들은 그곳에 갇혀 있었어.

나는 얼굴이 누렇게 뜬 채로 힘없이 침대에 쓰러졌어.

좁고 삐걱대는 나무 침대.

군인들의 땀 냄새와 지린내가 밴 더러운 담요.

끈질기게 달라붙어 피를 빨아먹는 모기떼들.

모든 게 끔찍했지.

문이 벌컥 열리더니 군인이 저벅저벅 걸어 왔어.

"돌격, 앞으로!"

나는 그만 까무러치고 말았어.

꿈인지 생시인지 모르겠어.
엄마 목소리가 들려.
'눈도 코도 오목조목, 요 귀염둥이!'
아빠도 옆에 있네.
뒤춤에 감춘 게 뭔지 알 것 같아.
'그 꽃신, 내 것 맞지요?'
나는 입술을 달싹였어.
그런데 한마디도 할 수가 없어.
발버둥을 치고 싶은데 발가락 하나 꼼짝하질 않아.

"흐억!"

내 얼굴에 찬물이 쏟아졌어.

다음 번 군인이 물 양동이를 들이부은 거야.

"재수 없게! 일어나. 난 한참 기다렸다고."

그 군인은 방금 전 상관에게 얼차려 기합을 받았어.

상관에 대한 분노, 집에 가지 못하는 슬픔,

전쟁터에서 죽을지도 모른다는 두려움을 내 몸에 쏟아부었어.

두려움과 분노와 슬픔은 미친 덩어리가 되어 나의 온몸을 후벼 팠어.

지옥이었어. 하루하루가.

위안소 생활은 비참했어.
이제 아무도 나를 오목이라고 다정하게 불러 주지 않아.
군인들은 자기들 멋대로 나에게 일본식 이름을 붙였어.
하나코.
내 침상 위에 달린 이름표야.
꽃의 아이. 슬프디슬픈 꽃의 아이가 바로 나였어.
내 곁에는 게이코라는 언니가 있었어.
게이코의 원래 이름이 경애인지 영애인지 묻지도 않았어.
고향이 전라도 어디인지 충청도 어디인지도 묻지 않았어.
그런 걸 물으면 마음만 더 아프니까.

어느 날 밤이었어. 곁에서 자고 있어야 할 게이코 언니가 사라졌어.
'아, 언니.'
언니는 도망친 거야. 얼마 전부터 헛구역질을 하고 얼굴이 누랬지.
일본군 의사는 임신을 했다며 마구 화를 냈어.
'언니, 멀리멀리 달아나. 잡히지 말고 달아나!'

다른 여자애들도 눈을 떴어.
우리는 이불자락 끝을 잡고 오들오들 떨었어.
모두들 게이코 언니가 무사하길 빌었지.
"타앙!"
길고 날카로운 총소리가 밤하늘을 찢었어.
우리는 울지도, 비명을 지르지도 못했어.
온몸이 부들부들 떨리고 창자 밑바닥부터 슬픔이 솟구쳤지.
"끄어억, 꺽……."
서러운 짐승처럼 그렇게 울음을 삼켰어.

날이 갈수록 내 몸은 약해졌어.
제대로 먹지도 쉬지도 못했으니까.
군인들은 병이 낫지 않는 여자들을 데리고
풀숲으로 들어갔어.
하지만 돌아올 때는 자기들끼리만 왔지.
밀림 어딘가에 버렸거나 죽였거나.

1943년 10월.

나는 군인들의 막사에서 허드렛일을 하다가 달력을 봤어.

뜨거운 태평양 바다 한가운데 섬, 어디에도 단풍은 없어.

'살구마을에도 가을이 왔겠지?'

나는 선득하니 찬 기운이 서린 가을 단풍을 몹시도 보고 싶었어.

이런 생각을 하면 할수록 몸도 마음도 힘들었지.

일본군은 고래고래 군가를 부르며 우리를 때렸어.
자기편은 날마다 연합군을 물리쳤고
완전한 승리가 코앞에 있다고 떠벌렸지.
하지만 보급품은 끊겼고 총알도 모자란 게 분명했어.
위안부들을 끌고 방공호로 숨거나 야밤에 후퇴했지.
군인들은 두려움에 떨었어.
하지만 그걸 숨겼고 비열한 방식으로 두려움을 잊으려 했어.
자기보다 약한 자를 잔인하게 괴롭혀서
자기들이 여전히 강하고 누군가를 복종시킬 힘이
있다는 걸 증명하고 싶었던 거야.
힘없는 풍뎅이를 가지고 놀면서
다리를 하나하나 떼어 내다 결국 죽이는 것처럼.

1945년 8월.
연합군이 일본에 원자 폭탄을 터뜨리자
일본은 무조건 항복을 선언했어.
전쟁이 끝난 거야.
연합군은 우리를 포로수용소로 보냈어.
군인이 아니었지만 일본 군인처럼 취급받았지.
그들은 우리를 커다란 배에 태워 인천과 부산으로 데려다주었어.
그 뒷이야기는 무척이나 길고, 슬프고, 또 고통스럽단다.

인천에 닿은 나는 어디로 가야 할지 알 수 없었어.
아무나 붙잡고 살구마을을 아느냐고 물었지.
신발도 없어서 낡은 헝겊 조각을 발에 친친 감았어.
진흙 먼지와 핏방울이 발에 덕지덕지 붙었지만 걷고 또 걸었어.
그리고 밤에는 움막이나 풀숲에 숨어서 잤지.
"더러운 여자다!"
사람들이 나에게 돌을 던졌어.
나는 거지가 되어 밥을 얻어먹으며 간신히 버텼어.
'살아야 해. 그래야 엄마를 만나지.'
누군가 뱉은 침을 닦으며 견디고 또 견뎠지.

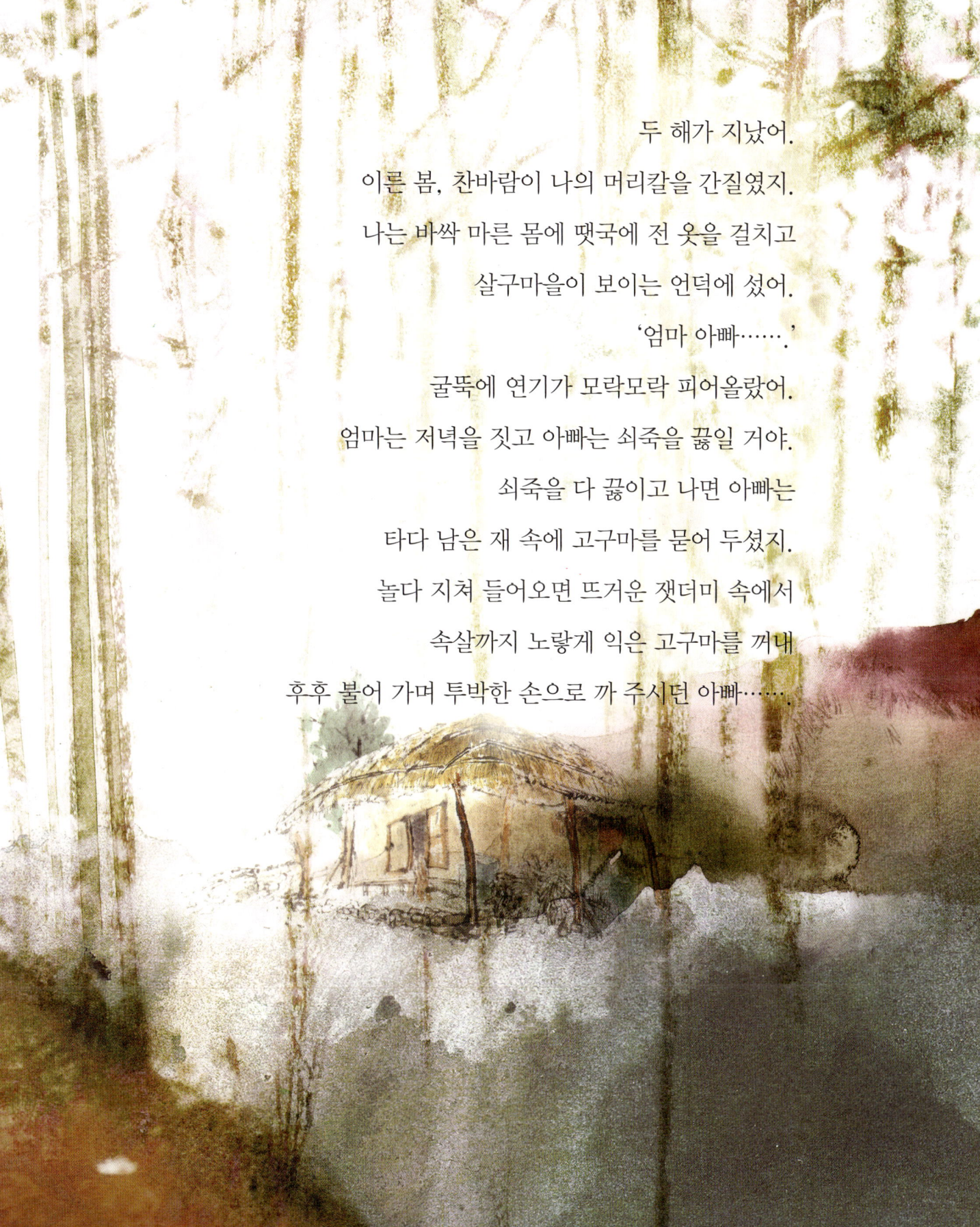

두 해가 지났어.
이른 봄, 찬바람이 나의 머리칼을 간질였지.
나는 바싹 마른 몸에 땟국에 전 옷을 걸치고
살구마을이 보이는 언덕에 섰어.
'엄마 아빠……'
굴뚝에 연기가 모락모락 피어올랐어.
엄마는 저녁을 짓고 아빠는 쇠죽을 끓일 거야.
쇠죽을 다 끓이고 나면 아빠는
타다 남은 재 속에 고구마를 묻어 두셨지.
놀다 지쳐 들어오면 뜨거운 잿더미 속에서
속살까지 노랗게 익은 고구마를 꺼내
후후 불어 가며 투박한 손으로 까 주시던 아빠…….

나는 돌아서 버렸어.
꿈에도 그리던 집이었지만 먼발치에서 보는 것 말고
더 할 수 있는 게 없었어.
'내가 돌아가면 우리 부모님은 부끄러워서 어떻게 사나.'
집안에 먹칠을 했다고, 더럽혀진 여자라고
사람들이 손가락질할 텐데.
부모님께 그런 괴로움을 안겨 드릴 수는 없었지.
그저 오목이는 죽었다고, 그날 끌려가서 죽었다고
그렇게 생각하시는 게 편할지도 몰라.

나는 내가 일본군 위안부였다는 사실을 아무에게도 말하지 못했어.

수십 년이 지나 꼬부랑 할머니가 되었을 때에도.

아이를 못 낳는다며 나를 때리고 내쫓은 첫 남편은 아무것도 몰랐지.

시장 한 귀퉁이에서 나란히 앉아 생선을 팔던

영천댁도 그런 비밀은 몰라.

차가운 쪽방으로 찾아와 손을 잡아 주던 천사 아주머니한테는

그냥 고아였다고 얼버무렸지.

폐지를 줍다 허리를 다쳐 끙끙 앓던 날,

꿈속까지 일본 군인이 쫓아왔어.

그래도 말하지 못했어.

여전히 끔찍하고 두려워서.

1991년 8월, 모두들 입 다물고 있을 때
가장 먼저 증언을 한 사람이 나왔어. 김학순 할머니였지.
하지만 김학순 할머니는 일본이 사죄하는 걸 보지 못하고
1997년에 저세상으로 가셨어.
그 뒤 많은 분들이 피해 사실을 고발했어.
그러나 일본은 여전히 모른 척하거나, 발뺌을 하고 있어.
기억을 파헤치는 것. 때로는 두려운 일이야.
하지만 그럼에도 숨기지 말고 드러내야 할 때가 있어.
두려움을 무릅쓰고 증언을 한 할머니들처럼.

이제는 일본 차례야.
잘못을 인정하고, 진심으로 고개 숙여 사죄해야 해.
역사 앞에 진짜 부끄러운 나라가 되지 않으려면.

사람들이 손수 만든 나비를 흔들며 다가오네.
이제 더 이상 외롭지 않아.
나는 주먹을 쥐고 일어섰어.
사람들이 용기를 주었거든.

이제 우리는 훨훨 날아서
세계 사람들에게 평화의 소식을 전할 거야.

평화비가 들려주는
우리 역사 이야기

오목이를 비롯한 여성들은 왜 이렇게 모진 일을 겪어야 했을까요?
평화비가 들려주는 일제 강점기의 아픈 역사에 귀 기울여 보세요.

일제 강점기에 우리 민족은 어떤 피해를 당했나요?

일제는 1905년(을사년), 대한 제국과 을사늑약을 맺었어. 이 조약은 강제로 우리나라의 외교권을 빼앗은 엉터리 조약이었지. 오목이가 마을에 들어섰을 때 '을씨년스럽다'는 느낌을 받지? 이 말은 '을사년스럽다' 혹은 '을사년 같다'라는 말이 변해서 생긴 말이야. 을사년에 일어난 일처럼 뭔가 위태롭고 어두운 기운이 감돈다는 뜻이지. 결국 5년 뒤인 1910년에 강제로 일본에 병합되어 나라의 주권까지 완전히 빼앗기고 말았어.

일제는 그로부터 1945년까지 35년이나 우리 겨레를 지배했어. 그들

강제로 을사늑약을 체결한 후 일본 장군과 공사 관원들이 찍은 기념사진.

은 조선 총독부라는 최고 관청을 설치하고 악독한 식민지 정책을 펼쳤지. 우리의 역사를 왜곡하고 전통문화를 모조리 없애려 했단다. 우리 땅을 함부로 차지한 것은 물론, 거기에서 나오는 많은 자원을 강제로 빼앗았지. 심지어 우리말과 글을 쓰거나 배우지 못하게 하고 사람들의 이름마저 일본식으로 바꾸어서 우리의 흔적을 모조리 없애려고 했어. 하지만 우리 민족이 그렇게 호락호락할 리 없지. 평화적인 만세 운동을 포함해서 너 나 할 것 없이 줄기차게 독립운동을 벌였어. 자금을 받아 조직적으로 꾸린 독립 단체와 투사들이 열심히 투쟁하기도 했지. 그렇게 많은 사람들의 노력으로 우리는 꿋꿋이 나라를 지켰고 1945년 8월 15일에 드디어 일본으로부터 해방되었어. 나라의 독립을 위해 목숨을 바쳐 희생한 사람들을 오래오래 기억해야겠지?

위안부가 뭐예요?

위안부가 뭐기에 위안부에 강제로 끌려간 할머니들은 그 사실을 숨기고 싶어 했을까? 그리고 일본 정부는 어째서 그런 일을 시킨 적이 없다며 발뺌을 하는 걸까?

일본은 1910년에 우리나라를 빼앗아 35년 동안이나 강제로 지배했어. 그것도 모자라 아시아, 더 나아가 세계를 차지할 목적으로 전쟁을 일으

켰지. 그게 바로 제2차 세계 대전이야. 그러면서 우리나라 사람들을 전쟁에 동원하기 위해 '정신대'가 되라고 사람들을 교육시켰어. 정신대라는 것은 자기 몸을 나라에 바치는 부대라는 뜻이야. 여기에서 나라를 위해 몸을 바치라는 말은 일본의 전쟁을 위해 몸을 바치라는 말이었지. 이 정신대에 위안부가 포함되었어.

'위안부'라는 말을 글자 그대로 풀이하면 '위로와 편안함을 주는 부인네(여성)'라는 뜻이야. 군대에서 용감하게 싸워야 할 군인들에게 어떤 식의 위로와 돌봄이 필요했을까? 그건 바로 그들의 성적인 욕구를 마음대

1994년 8월, 미얀마 포로수용소에 수용되어 있는 여성들.

로 풀거나 무시하고 괴롭힘으로써 전쟁의 두려움과 불안감을 푸는 것이었어. 그러니 어리고 약한 여성들이 그 대상이 될 수밖에 없었지. 그렇게 많은 여성들이 강제로 끌려가 성적인 노예가 되었어. 많은 사람들이 위안부라는 말에 반대하는 이유가 바로 이거야. 위안부라는 말은 따뜻하고 포근한 느낌을 주니까.

그러나 분명히 말하지만 이 말은 당시 일본군이 편의상 썼던 말이야. 글자 그대로 일본 군대를 따라다니며 위로와 편안함을 주는 여성들이라고 해석하면 곤란하지. 정확하게 말하면 일본군이 만들어 낸 '성적 노예 생활 피해자'가 맞아.

일본군은 왜 위안부를 동원했나요?

1937년에 일본은 중일 전쟁을 일으켰어. 일본 군대는 그해 말부터 위안소를 세우고 운영하기 위한 전 과정에 손을 댔지. 전쟁에서 계속 이기고 있는데 굳이 왜 위안부가 필요했을까?

일본은 자기 군대 병사들이 점령지의 부녀자들을 성폭행하는 문제 때문에 골머리를 앓았어. 명색이 대일본의 황군이랍시고 으스댔는데 민간인을 함부로 괴롭히면 인심을 잃을 게 뻔하니까. 자칫하면 일본에 대한 저항감을 키울 수도 있고. 그래서 아예 군대가 나선 거야. 군대가 주도

위안소에 가기 위해 기다리고 있는 일본 군인들.

해서 위안부 여성들을 모집하거나 납치하고, 신체 검사를 하고, 군대가 머문 곳까지 이동시키는 등 위안소 설치와 운영에 관한 전 과정에 손을 댔지.

군인들이 저지른 일에 대해 왜 일본 정부가 사죄해야 하나요?

일본 정부에서 군인들더러 위안부에 가라고 등 떠민 것도 아닌데 왜 일본 정부가 사과해야 하냐고 생각하는 사람도 있을 거야. 이 문제에 관해서는 처음부터 끝까지 역사의 전 과정을 따져 보아야 해.

당시 여자들을 모으기 위해 거짓으로 알린 사람들은 민간인일지도 몰라. 하지만 그들 뒤에는 우리나라에 설치된 일제 최고 행정 관청인 조선 총독부가 있었어. 조선 총독부의 지휘 아래 경찰과 순사, 마을의 면장까지 적극 협조했지. 군에서는 군용 트럭과 열차, 배에 태워 여성들을 이동시키는 등의 책임을 맡아. 여성들의 위생 검사를 담당한 사람도 군대에 소속된 의사였지.

'아소'라는 의사는 군의관으로 있으면서 자신이 진료했던 여성들의 자료를 바탕으로 논문을 썼어. 그 사람이 이런 말을 했단다.

"반도인 중에 나이 적은 여자와 경험이 없는 여자가 많았다. 나이가 어릴수록, 경험이 없을수록 황군에게 좋다. 그들은 황군에게 주는 가장 좋은 선물이다."

반도인은 한반도 사람, 즉 조선 사람을 뜻해. 오목이처럼 어린 소녀가 많았던 거지. 이 의사도 처음에는 약간 양심에 찔렸을 거야. 하지만 자신은 천황을 위해 일할 뿐이라며 구실을 만들어 낸 거지. 사람을 물건 취급하면서 말이야. 조선을 지배했던 조선 총독부뿐 아니라 대만을 지배했던 대만 총독부, 내무성과 외무성 등의 일본 정부 기관까지 적극적으로 가담했지. 그런데도 일본은 위안부 문제를 단순히 돈을 벌려고 여자를 사

1994년 9월, 중국 윈난성의 라멍에서 중국군에게 발견된 조선의 일본군 위안부 여성들(미군 사진반 촬영).

고 팔았던 몇몇 악덕 장사꾼의 소행일 뿐이라고 우긴단다. 또 위안부를 상대했던 군인들은 자신들이 정당하게 대가를 치렀다며 억지 주장을 펴기도 해.

그러나 사실은 달라. 오목이의 경우처럼 많은 여자들이 납치당하듯 강제로 끌려갔지. 스스로 찾아간 사람이 있었다 하더라도 그것은 취업을 미끼로 한 사기였어. 일본에 있는 군수 공장에 취직시켜 주겠다고 거짓말을 한 거지. 끝분이네 언니, 삼순이처럼 말이야.

오목이와 삼순이가 '군수품'으로 분류되어 군대가 관리하는 배를 탔다는 게 중요해. 이것은 일본 정부와 군이 조직적으로 인신매매에 가담했다는 의미이기 때문에 결코 개인이 저지른 잘못으로 축소하거나 왜곡해서는 안 돼.

위안부 할머니들이 홀로코스트 희생자들을 만났다던데요?

홀로코스트라는 말은 아주 끔찍한 말이란다. 우리말로 하면 '인종 학살'로 풀이할 수 있는데, 대개는 제2차 세계 대전 때 독일의 나치스가 인종을 청소하겠다며 약 600만 명에 이르는 유대인을 학살한 사건을 가리켜. 유대인을 열등한 인종으로 단정 짓고 전부 없애려고 했지. 히틀러를 중심으로 한 나치스당은 이때 많은 범죄를 저질렀어. 누군가를 이유 없이 깔보는 것도 모자라, 마음대로 목숨을 빼앗았지. 두말할 것도 없이 명백한 죄악이야.

2011년 12월 14일, 이 홀로코스트에서 살아남은 생존자들과 위안부 할머니들이 미국에서 만났어. 일본과 독일이 저지른 범죄에 대해 증언하고 일본 정부의 사죄를 요구했지. 독일은 자신들이 죄를 저질렀다는 사실을 인정했어. 당시의 과거를 철저하게 반성하고 사죄했지. 다시는 그런 일이 일어나지 않도록 교육도 하고 있고. 진심 어린 사죄와 반성을 통해 세계의 평화를 위해 노력하고 있다고 할 수 있어.

1944년 아우슈비츠에서 가스실에 보내 학살할 유대인을 선별하는 모습.

하지만 일본은 그렇지 않아. 과거에 저질렀던 잘못을 숨기고 부정하기에 급급해. 다른 여러 나라 사람들이 과거 홀로코스트의 희생자였던 사람들이나, 성적 노예 생활 피해 할머니들을 지지하고 응원하는 것은 우리가 같은 '사람'이기 때문일 거야. 사람이라면 그래서는 안 된다는 것을, 그런 잘못을 저질렀으면 당연히 고개 숙여 사죄해야 한다는 사실을 가슴이 먼저 느낄 테니까 말이야.

사람들은 왜 수요일마다 일본 대사관 앞에서 시위를 하나요?

　일본군 위안부 문제 해결을 촉구하는 수요 시위는 20여 년 넘게 이어졌고, 1,000회를 넘긴 지도 한참 되었단다. 처음 시작은 이랬지.

　1992년 1월 8일, 일본의 총리가 한국을 방문했어. 그때를 맞춰 한국정신대문제협의회는 일본 대사관 앞에서 위안부 문제를 해결하고자 시위를 했어. 그날이 수요일이었지. 그러나 일본 정부는 눈 하나 꿈쩍하지 않았고 해결된 것이 없었어. 시위는 계속될 수밖에 없었지. 수요 시위가 하나의 주제로 벌인 시위 중 세계에서 가장 긴 기간 동안 벌어지고 있는 시위라는 사실이 그저 서글플 따름이야.

1992년 1월 8일 일본 총리의 방한을 앞두고 열렸던 제1회 수요 시위.

두려움을 이기고 용기를 낸 김학순 할머니

김학순 할머니는 1991년 8월에 처음으로 자신이 일본군의 위안부였다는 사실을 사람들 앞에서 증언했어.

"어떻게 내 원통한 심정을 다 풀 수 있겠습니까. 이젠 더 이상 기억을 들추고 파헤치고 싶지도 않습니다. 한국 정부나 일본 정부나 죽어 버리면 그만인 나 같은 여자의 비참한 일생에 무슨 관심이 있을까 하는 생각이 듭니다."

할머니는 두려웠던 거야. 용기 있게 말을 해 봤자 자신이 겪은 끔찍한 일에 아무도 귀 기울여 주지 않을지도 모른다고 생각했지. 차라리 지금까지 그래 왔던 것처럼 그저 침묵하고 숨기는 게 나을지도 모른다고 생각했을 거야. 하지만 그러기에는 너무 원통하고 억울했어. 도저히 이대로는 눈을 감을 수 없다고 생각했지.

할머니의 증언을 뒤이어

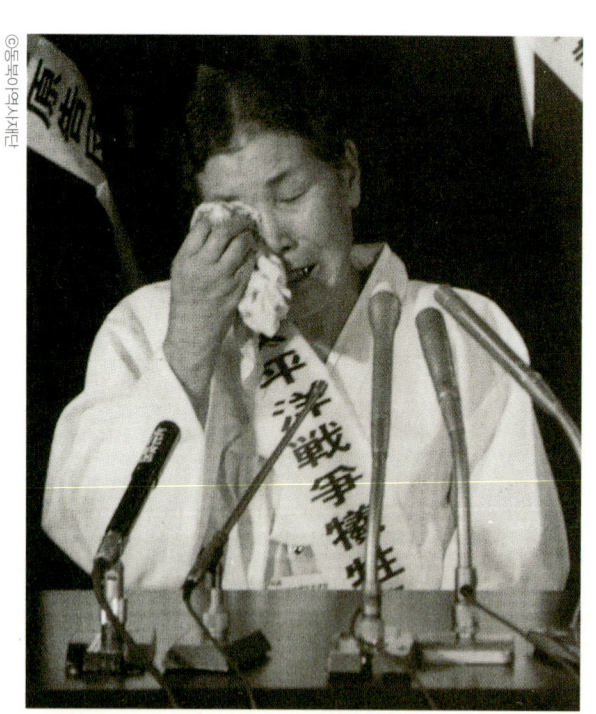

일본 정부를 상대로 소송을 제기하고 기자회견을 하며 눈물짓는 김학순 할머니.

많은 분들이 피해 사실을 고발했어. 우리나라 정부에 공식적으로 등록된 일본군 위안부 피해자는 모두 238(2015년 1월 현재)명이야. 그러나 할머니들은 연세가 많으셔서 남은 날이 그리 많지가 않아. 사실이 밝혀지고 사죄를 촉구하는 동안에도 많은 분들이 돌아가셨고 겨우 55분이 살아 계셔. 만약 이 문제를 해결하지 못한 채로 할머니들이 전부 돌아가시게 되면 우리는 역사 앞에서 떳떳하지 못할 거야.

> 작가의 말

가슴속 노란 나비를, 노란 리본을 내리지 않겠습니다

오목이 어머니, 그리고 아버지.

정말 미안하고 죄스럽습니다.

저는 역사적 사실을 바탕으로 이 글을 쓴 작가입니다. 그러니 오목이도 오목이 어머니 아버지도 제가 만들었다면 만들었다고 할 수 있지요. 하지만 나는 당신들께 사죄하고 싶습니다.

지금 와서 변명하자면, 저는 오목이가 고향에 도착한 장면을 이렇게 쓰고 싶지 않았습니다. 얼음이 풀리지도 않은 이른 봄, 오목이는 맨발로 걷고 걸어서 꿈에도 그리던 살구마을에 도착했습니다. 어린 나이에 먼 나라까지 끌려갔다 왔으니 제 고향 찾는 것도 쉽지 않았을 것입니다. 그런데 왜 부모님 곁으로 달려가지 못하고 뒤돌아서야만 했을까요?

정말이지 이렇게 쓰고 싶지는 않았습니다. 오목이가 아버지, 어머니의 품에 안겨 실컷 울게 하고 싶었습니다. 아버지가 손수 까 준 뜨거운 고구마를 호호 불어 먹고, 어머니가 퍼 준 따뜻한 밥을 먹게 하고 싶었습니다.

그러나 이야기 속 오목이는 끝끝내 돌아섰습니다. 부모님이 자기를 그저 죽었다고, 그날 끌려가서 죽었다고 여기는 게 차라리 낫다고 생각하면서요.

오목이한테 정말 중요한 걸 말해 주지 못했어요. 자식이 죽지 않고 살아 있다는 사실 자체가 얼마나 소중한 희망인지 말입니다. 미우나 고우나, 다 치든 아프든, 살아 있기만 하다면 그래서 부모 곁으로 돌아오기만 한다면 그보다 감사할 일이 또 어디 있을까요?

미안합니다.

그리고 잊지 않겠습니다. 가슴속 노란 리본을, 노란 깃발을, 노란 나비를 내리지 않겠습니다.

할머니, 그리고 세월호를 기억하며
안미란

우리는

훨훨 날아서

세계 사람들에게

평화의 소식을

전할 거야.

(故)김순악 할머니가 정신적 아픔을 치유하기 위해 만든 작품.